Inhalt

Cash Pooling - eine clevere Alternative der Innenfinanzierung

Kernthesen

Beitrag

Fallbeispiele

Weiterführende Literatur

Impressum

Cash Pooling - eine clevere Alternative der Innenfinanzierung

Gerhard Dengl

Kernthesen

- Cash Pools haben sich in den vergangenen zwei Jahrzehnten als elegante Form der Innenfinanzierung etabliert und sind mittlerweile auch für Mittelständler attraktiv.
- Dabei werden Liquiditätsüberschüsse und -bedarfe zwischen den einzelnen Konzernunternehmen ausgeglichen; ein Cash-Pool-Führer übernimmt die zentrale Koordination.
- Der entscheidende Vorteil beim Betrieb eines Cash Pools ist die eingesparte Zinsmarge, die sonst von den Banken

vereinnahmt würde.
- Besonders lohnt sich der Betrieb eines Cash Pools für international tätige Gesellschaften, weil sie Währungsschwankungen unternehmensintern ausgleichen können.

Beitrag

Cash Pooling immer beliebter

Im Laufe der letzten beiden Jahrzehnte haben sich vermehrt große internationale Unternehmen gebildet, die im Konzernverbund ein zentralisiertes Liquiditäts- und Finanzmanagement - das sogenannte Cash Pooling - betreiben. In einem solchen Verbund findet ein Ausgleich der Liquiditätspositionen statt, wobei Liquidität über die Gesellschaften hinweg bedarfsgerecht verteilt wird. Mit Blick auf die Zielsetzung der Steigerung der Ertragskraft können mit dem Cash Pooling Zinskosten und damit die Finanzierungskosten auf konzernweiter Ebene reduziert werden. Durch die Weiterentwicklung der Finanzmärkte und durch einen vereinfachten Zugang zu diesen gewinnt diese Form der Innenfinanzierung auch für den Mittelstand immer mehr an Attraktivität. (1)

Hauptvorteil: Die Zinsmargen der Banken können eingespart werden

Einzelne Konzernmitglieder müssen nicht auf verhältnismäßig teure Finanzierungsformen Dritter zurückgreifen, während andere Konzerntöchter ihre überschüssige Liquidität nicht zu relativ ungünstigen Konditionen anlegen müssen. Für die konzerninternen Geldanlagen beziehungsweise Kreditaufnahmen werden Zinsen berechnet, die sich an denen am Geldmarkt orientieren, allerdings ohne die Gewinnmargen der Banken. Die Finanzierungsgesellschaft nutzt dabei die Vorteile der Kreditwürdigkeit des Gesamtkonzerns. Eine solche Strategie ermöglicht eine zunehmende Unabhängigkeit von externen Gläubigern und verringert die Gefahr von Beschränkungen beim Zugang zu Finanzmitteln für die einzelnen Mitglieder im Konzernverbund. (6)

Mittlerweile auch für Mittelständler lukrativ

Den gefühlten Vorteilen aus dem Betreiben eines Cash Pools stehen dabei zunächst kaum Nachteile gegenüber. Tatsächlich ist das Betreiben von Cash

Pools aber erst seit etwa zwei Jahrzehnten in Mode gekommen, da vorher die Finanzmärkte noch nicht so weit entwickelt waren wie heute. Mittlerweile lohnt sich auch schon für Mittelständler ein Cash Pooling, da es an den Finanzmärkten eine große Auswahl von Instrumenten für die kurzfristige Kapitalaufnahme oder -anlage gibt. Auch - und das war lange eine entscheidende Eintrittsbarriere - können viel kleinere Volumina angelegt oder aufgenommen werden, als das früher der Fall war. (6)

Einziger Makel: Wirtschaftliche Unabhängigkeit von Tochtergesellschaften wird eingeschränkt

Wie bei allen Maßnahmen, die zentral gesteuert werden, muss auch beim Cash Pooling jemand auf Kompetenzen verzichten. In diesem Fall sind das die Tochtergesellschaften. Hatten sie bisher selbst darüber entschieden, wie sie ihre Überschussliquidität anlegen, beziehungsweise wie sie ihre Liquiditätslücken schließen, so werden diese Entscheidungen nun woanders getroffen. Dabei kann es vorkommen, dass einzelne Unternehmen das Gefühl haben, ständig Liquidität bereitzustellen, aber nie selbst vom Cash Pool zu profitieren. Die

Vertragsgestaltung darf daher keine Partei - insbesondere nicht die Konzernmutter - bevorteilen und muss marktgerechte Zinsen, faire Kreditlimits und Konditionen beinhalten. Darüber hinaus sollte für alle Beteiligten immer transparent sein, wohin das eigene Geld fließt beziehungsweise woher es kommt. (3)

Alles läuft über den Master Account

Alle beteiligten Unternehmen führen ihre Transaktionen auf einem zentralen Konto, dem Master Account, zusammen. Teilnehmer mit einem Liquiditätsüberschuss legen das Geld nicht selbst an, sondern überweisen den Betrag auf das Master Account, Teilnehmer mit Liquiditätsbedarf erhalten die fehlende Summe von dort. Im Ergebnis wird nur der Saldo des Masterkontos auf dem Kapitalmarkt angelegt oder durch Kredite gedeckt. Es wird daher ein schneller Kontakt zu einer Bank benötigt, um eventuelle Über- oder Unterkapazitäten über den externen Geld- und Kapitalmarkt abzuwickeln. Es kann vor diesem Hintergrund sogar sinnvoll sein, das Management des Cash Pools nicht bei der Obergesellschaft anzusiedeln, sondern als Dienstleistung von einer Bank erbringen zu lassen. (5)

Trends

Reichweite über Grenzen hinweg hat Vorteile

Gerade für Unternehmen, die in verschiedenen Währungen abrechnen, bieten international aufgestellte Cash Pools einen weiteren wesentlichen Vorteil. Sie können neben der Optimierung der Zinsen für Kapitalaufnahme und -anlage auch Währungsschwankungen unternehmensintern ausgleichen und Währungsrisiken zentral managen. Diese internationale Dimension ist auch ein Grund dafür, warum das Engagement deutscher Unternehmen bei Auslandsbanken in Deutschland stärker geworden ist. Sie schätzen das lokale Knowhow dieser Banken, das sich möglicherweise in profitableren Anlage- und Aufnahmekonditionen niederschlägt. (6), (7)

Internationale Harmonisierung

Obwohl große Unternehmen schon seit Jahren internationale Cash Pools nutzen, ist die Vereinheitlichung der Rechtsgrundlagen noch lange nicht so weit fortgeschritten, wie man annehmen könnte. So ist derzeit noch nicht einmal innerhalb der EU von einem einheitlichen Rechtsraum auszugehen; vom Rest der Welt noch ganz zu schweigen. Unterschiedlich geregelt sind in diesem Zusammenhang vor allem Fragen zur Besteuerung von Anlagegewinnen sowie Haftungsfragen für den Fall, dass eine der Konzerngesellschaften insolvent wird und dadurch andere Gesellschaften über den Cash Pool in Mitleidenschaft zieht. In der Praxis konnten diese Rechtsunsicherheiten den Siegeszug von Cash Pools aber nicht stoppen, da das Interesse der Unternehmen an einer eleganten Methode der Innenfinanzierung einfach stärker war als rechtliche Bedenken. (7)

Fallbeispiele

Streit zwischen Media-Saturn und Metro

Erich Kellerhals, der Gründer der führenden europäischen Elektrohandelskette Media-Saturn, wollte den Großaktionär Metro teilweise aus dem Cash Pool und damit von den Bargeldbeständen abschneiden. Er hatte die Absicht, die Regeln zur Nutzung des Cash Pools so zu ändern, dass die Metro zukünftig nur noch auf ein Viertel des Media-Saturn-Geldbestandes hätte zugreifen können. Die Metro hätte sich dann teilweise dreistellige Millionenbeträge über den deutlich teureren Geldmarktsatz bei Banken besorgen müssen. Anlass des Streites war, dass das Cash Pooling sehr einseitig genutzt wurde, und nur die Liquiditätsüberschüsse von Media-Saturn in das Metro-Treasury flossen. Künftig sieht die Regelung so aus, dass nun auch Media-Saturn bis zu 450 Millionen Euro ohne Sicherheiten abrufen kann. Umgekehrt darf die Metro maximal auf 1,25 Milliarden Euro bei Media-Saturn zugreifen, muss jedoch für Beträge, die über 450 Millionen Euro hinausgehen, Bankbürgschaften vorweisen. (2), (3), (4)

Schweiz mit Steuererleichterung

Die Schweiz hat ein sehr starkes Bankensystem, aber noch Schwächen im unternehmerischen Sektor. Um dort gezielt Anreize zu schaffen und die Innenfinanzierungen großer Konzerne zu fördern, geht das Land einen Sonderweg und begünstigt die Finanzierung mittels eines konzerneigenen Cash Pools steuerlich. (8)

Weiterführende Literatur

(1) Die Bank im eigenen Haus
aus Financial Times Deutschland vom 28.09.2011,
Seite 2SA02

(2) Neue Runde im Media-Saturn- Machtkampf
Elektrohändler soll Metro von Cashreserven
fernhalten
aus Financial Times Deutschland vom 29.08.2011,
Seite 3

(3) Ende der Geduld
aus Der Spiegel, 29.08.2011, Nr. 35, Seite 86

(4) Metro rettet Cash-Pool mit Media-Saturn
Entgegenkommen bei Konditionen - Sonderprüfung
aus Börsen-Zeitung, 31.08.2011, Nummer 167, Seite 9

(5) Margenstark, risikoarm, kundennah
aus Die Bank, Heft 02/2012, S. 48-52

(6) Das Geld richtig verteilen Eine Tochter hat
Überschüsse, die andere braucht einen Kredit - mit
Cash-Pooling können Konzerne die Liquidität intern
optimal ausgleichen
aus Financial Times Deutschland vom 28.09.2011,
Seite 2SA02

(7) Die Rolle der Auslandsbanken bei der
Unternehmensfinanzierung
aus Zeitschrift für das gesamte Kreditwesen 01 vom
02.01.2012 Seite 030

(8) VERRECHNUNGSSTEUER UND

EMISSIONSABGABE BEI KONZERNFINANZIERUNG
Analyse der neuen Regeln
aus Der Schweizer Treuhänder, Vol. 85, Heft 09/2011,
S. 756-762

Impressum

Cash Pooling - eine clevere Alternative der Innenfinanzierung

Bibliografische Information der deutschen Nationalbibliothek

Die Deutsche Nationalbibliothek verzeichnet diese Publikation in der deutschen Nationalbibliografie; detaillierte bibliografische Daten sind im Internet über http://dnb.d-nb.de abrufbar.

ISBN: 978-3-7379-0516-9

© 2015 GBI-Genios Deutsche Wirtschaftsdatenbank GmbH, Freischützstraße 96, 81927 München, www.genios.de

Alle Rechte vorbehalten. Dieses Werk ist einschließlich aller seiner Teile – z.B. Texte, Tabellen und Grafiken - urheberrechtlich geschützt. Jede Verwertung außerhalb der Grenzen des Urheberrechtsgesetzes bedarf der vorherigen Zustimmung des Verlags. Dies gilt insbesondere auch für auszugsweise Nachdrucke, fotomechanische Vervielfältigungen (Fotokopie/Mikroskopie), Übersetzungen, Auswertungen durch Datenbanken oder ähnliche Einrichtungen und die Einspeicherung und Verarbeitung in elektronischen Systemen.